BREVE HISTORIA SOBRE NAPOLEÓN BONAPARTE

Emperador, Exilio, Eternidad

SCOTT MATTHEWS

Derechos de autor © 2024

Todos los derechos reservados. Ninguna parte de esta publicación puede ser reproducida, distribuida o transmitida de ninguna forma ni bajo ningún medio, incluyendo fotocopias, grabaciones u otros métodos electrónicos o mecánicos, sin el permiso previo por escrito del editor, excepto en el caso de citas breves incluidas en reseñas críticas y otros usos no comerciales permitidos por la ley de derechos de autor.

En este libro aparecen nombres de marcas comerciales. En lugar de utilizar un símbolo de marca comercial cada vez que aparece un nombre de marca comercial, los nombres se utilizan de forma editorial, sin intención de infringir la marca comercial del propietario respectivo. La información de este libro se distribuye "tal cual", sin garantía. Aunque se han tomado todas las precauciones necesarias en la preparación de esta obra, ni el autor ni el editor tendrán responsabilidad alguna ante ninguna persona o entidad con respecto a cualquier pérdida o daño causado o supuestamente causado directa o indirectamente por la información contenida en este libro.

La victoria pertenece a los más perseverantes.

- Napoleón Bonaparte

Índice

Introducción ix

1. Raíces corsas: La formación de un revolucionario (1769-1785)   1
2. Camino hacia el poder: Ambición y revolución (1785-1799)   5
3. Ascensión de un Emperador: Del golpe a la coronación (1799-1804)   19
4. El Nuevo Imperio: Batallas y dominio (1804/1805-1807)   29
5. Vida personal y profesional: Turbulencias y transición (1808-1810)   37
6. Campañas rusas: El comienzo del declive (1810-1813)   43
7. Cambio de rumbo: De Moscú a Elba (1813-1815)   51
8. Cien Días y Waterloo: La última batalla (1815-1840)   57
9. Envuelto en misterio: El enigma de la muerte de Napoleón   63
10. Legado duradero: Influencia después de la muerte   67

Conclusión   77
Extra   81

Introducción

En este libro, *Breve Historia Sobre Napoleón Bonaparte: Emperador, Exilio, Eternidad*, nos adentraremos en un viaje extraordinario a través de los anales de la historia para descubrir la figura detrás de Napoleón Bonaparte, un hombre cuya vida trascendió a través de los tiempos.

Desde los rústicos paisajes de Córcega hasta la cima del poder como Emperador de Francia, la vida de Napoleón se plasma en estas páginas con una mezcla de meticulosa investigación y destreza narrativa. Más allá del campo de batalla, este libro se adentra en los misterios de su carácter —sus ambiciones, pasiones y momentos de vulnerabilidad— dibujando un retrato lleno de matices de una de las figuras más complejas de la historia.

Con el siglo XIX como escenario, una época de fervor revolucionario y profundos cambios, la historia de Napoleón trasciende los límites de una biografía convencional. No es un simple repaso de los acontecimientos, sino una vívida exploración de las fuerzas sociales, políticas y personales que forjaron su destino.

A medida que avancemos por los capítulos, seremos testigos de la increíble habilidad estratégica de sus conquistas militares, sentiremos el pulso de las reformas revolucionarias que se llevaron a cabo en Francia y descubriremos al hombre que se esconde tras la leyenda. *Breve Historia Sobre Napoleón Bonaparte* integra a la perfección la precisión histórica con una fascinante narración, garantizando una experiencia envolvente para lectores de todos los orígenes.

Esta narración se despliega como un tapiz que revela las capas del legado de Napoleón y las huellas imborrables que dejó en el mundo. Ya sea un entusiasta de la historia, un conocedor de biografías o simplemente siente curiosidad por conocer más sobre este personaje, este libro promete un viaje único y enriquecedor a través de la vida y aventuras del gran Napoleón Bonaparte.

1

Raíces corsas: La formación de un revolucionario (1769-1785)

En el año 1769, en medio del rústico paisaje de Córcega, nace un niño de las nobles familias Buonaparte y Ramolino. Fue llamado Napoleón Bonaparte, un nombre destinado a resonar a lo largo de la historia. La isla, recién reclamada por Francia, le inculcó una mezcla única de nobleza italiana y espíritu corso, preparando el terreno para una vida marcada por una extraordinaria dualidad.

Los primeros años de Napoleón transcurrieron en la Casa Buonaparte, un gran edificio fundado por su tatarabuelo Giuseppe, en 1682.  Esta casa, más tarde conocida como *Maison Bonaparte*, fue testigo de la formación del joven Napoleón, bajo la gran influencia de su madre, Letizia.

El mundo del joven Bonaparte estuvo cargado de agitación política y riqueza cultural. Sus padres, Carlo y Maria Letizia, profundamente implicados en la lucha corsa por la libertad, le infundieron un profundo sentido de identidad. Su padre, inicialmente partidario del líder corso Pasquale Paoli, cambiaría más tarde sus inclinaciones políticas, enseñándole quizás al joven Napoleón el complejo mundo de la política y sus principios.

A la tierna edad de nueve años, la llamada del destino sacó a Napoleón de su isla natal. Lo enviaron a Francia, a un colegio religioso en Autun y luego a la academia militar en Brienne le-Château. Una de las figuras que desempeñó un papel fundamental a la hora de facilitar la admisión de Napoleón en una academia militar, a pesar de la falta de recursos económicos de su familia, fue el gobernador de

Francia. Era amigo de la madre de Napoleón y contribuyó notablemente a su temprana educación militar. En Brienne-le-Château, las raíces corsas de Napoleón le distinguieron entre los hijos de la élite francesa. Su acento, sus humildes orígenes y el orgullo que sentía por su lugar de procedencia le hacían sentirse aislado, pero debido a ello se entregó a sus estudios con ímpetu y fervor.

En estos años de formación, la Ilustración* estaba en pleno auge. Este período, caracterizado por el énfasis en la razón y el desafío al viejo sistema, impactó profundamente a Napoleón. Este se interesó por las matemáticas, la historia y la geografía, y cada disciplina agudizó su innato poder estratégico y analítico. A pesar de las dificultades iniciales, dominó la lengua francesa, junto con el corso y el italiano. Sus profesores, con los que estableció una gran relación, le recomendaron que ingresara en la artillería, una prestigiosa rama del ejército.

Napoleón se graduó a los quince años e ingresó en la *École Militaire* de París. En esta escuela, su herencia corsa le hizo destacar una vez más. Tuvo que

---

* La Ilustración fue un movimiento cultural e intelectual en Europa que abarcó principalmente los siglos XVII y XVIII. Esta época se caracterizó por un profundo énfasis en la razón, el individualismo y el escepticismo hacia las doctrinas y supersticiones tradicionales. Los pensadores de la Ilustración abogaban por la investigación científica e intelectual, la tolerancia religiosa y la idea de que el conocimiento y la educación podían conducir al progreso y la reforma de la sociedad.

 enfrentarse a la adversidad que trajo la muerte de su padre a causa de un cáncer, pero a pesar de ello prosperó, convirtiéndose en el primer graduado corso de la academia, con elogios del conocido Pierre-Simon Laplace tras sólo un año.

En 1785, tras graduarse, en un entorno plagado de cambios políticos y sociales en Europa, Napoleón se convirtió en teniente del regimiento de artillería de La Fère.

La carrera militar de Napoleón tuvo como escenario importantes acontecimientos mundiales y locales. La Revolución Americana estaba en pleno apogeo, desafiando el poder tradicional de las monarquías y alimentando las aspiraciones democráticas. Al mismo tiempo, en Francia, la Ilustración despertaba el descontento de la opinión pública con la monarquía absoluta y preparaba el terreno para la Revolución Francesa. Estos acontecimientos desempeñaron un papel crucial en la época en la que Napoleón inició su carrera militar. Eran tiempos de cuestionamiento de las normas establecidas y de búsqueda con miras a la modernización y a un gobierno más racional. Esta época proporcionaría a Bonaparte la oportunidad perfecta para ascender y consolidar su nombre en la historia.

2

Camino hacia el poder: Ambición y revolución (1785-1799)

En 1785, tras alcanzar el grado de teniente, Bonaparte dividió su tiempo entre el servicio militar y el regreso a Córcega. La lealtad de su padre hacia Córcega también se había arraigado en Bonaparte, quien mostraba un profundo interés por la política corsa.

Poco después, en 1788, Napoleón regresó de Córcega y se matriculó en una escuela de artillería en Auxome. El panorama de la revolución en Francia se acentuaba día a día y el año 1789 fue crucial tanto para Napoleón como para Francia: comienza la Revolución Francesa, alterando radicalmente la atmósfera política y social del país. Este periodo de conmoción e ideales revolucionarios marca fuertemente a Napoleón, quien sigue de cerca los acontecimientos de París, como la toma de la Bastilla y el aumento del espíritu revolucionario en toda Francia. Estos sucesos coincidían con sus propias experiencias corsas de resistencia y de rebelión contra la autoridad.

En los primeros años de la Revolución, la carrera de Napoleón sufrió varios altibajos. En 1789, abandonó sus obligaciones militares y regresó a Córcega, donde se vio envuelto en una compleja política local. Inicialmente, su apoyo estaba con Pasquale Paoli, el líder nacionalista corso, sin embargo, las diferencias ideológicas y los conflictos políticos acabaron por provocar una ruptura entre ambos. Este conflicto fue un claro ejemplo de las grandes tensiones existentes en la Revolución entre los objetivos de unidad nacional y la autonomía local.

Durante su estancia en Córcega, Napoleón empezó a cultivar sus habilidades como estratega político y militar. Participó en varios enfrentamientos militares en la isla, incluida una expedición frustrada para reconquistar Ajaccio, ciudad portuaria de Córcega, de manos de las fuerzas antirrevolucionarias en 1793. Estas experiencias le proporcionaron valiosos conocimientos sobre tácticas militares y liderazgo, que dieron forma a sus futuras estrategias militares.

En 1793, Napoleón regresó a Francia y empezó a destacar como oficial del ejército francés. Su primer gran éxito militar fue el sitio de Tolón, un enfrentamiento militar entre realistas franceses, partidarios de Luis XVII de Francia, y las fuerzas republicanas y revolucionarias de la Convención durante las guerras revolucionarias francesas, donde se desempeñó como capitán de artillería. Su experiencia y planificación estratégica fueron decisivas para recuperar la ciudad de las fuerzas realistas y sus aliados británicos. Esta victoria lo ascendió a general de brigada a la temprana edad de 24 años, lo que marcó el comienzo de su rápido ascenso en el mundo militar.

El panorama político en Francia, muy volátil entonces, estuvo además marcado por el Reinado del Terror, un período caracterizado por un estado de excepción de la Revolución Francesa. En 1794, Napoleón fue arrestado brevemente por su asociación con los hermanos Robespierre*, quienes habían sido

---

* Los hermanos Robespierre, Maximilien y Augustin, fueron figuras prominentes durante la Revolución Francesa. Maximilien Robespierre (1758-1794), el más famoso de los dos hermanos, fue un líder radical jacobino y una de las principales figuras de la

destituidos de sus cargos. Su detención duró 2 semanas, pero este episodio resaltó la precariedad del ambiente político.

Tras su liberación, la carrera de Napoleón se enfrentó a la incertidumbre durante un tiempo. Sin embargo, su suerte cambió en 1795, cuando fue nombrado comandante de la artillería del ejército francés en Italia. No obstante, Napoleón no asumió el cargo inmediatamente; por el contrario, regresó a París.

Durante la Insurrección realista del 13 vendimiario del año IV, un intento de golpe de Estado llevado a cabo por realistas en París el  5 de octubre de 1795, Napoleón desempeñó un papel decisivo en la represión de los realistas. Utilizando un "soplo de metralla", como se llegó a conocer, sus acciones salvaron a la Convención Nacional de los Insurrectos. Este acontecimiento mejoró enormemente su reputación e hizo que se ganara el apoyo del nuevo gobierno, el Directorio.

Por aquel entonces, Napoleón también conoció a Josefina de Beauharnais, con quien se casaría en marzo de 1796. Josefina, originalmente Marie Josèphe Rose Tascher de La Pagerie, entró en la vida

---

Revolución Francesa. Augustin Robespierre (1763-1794), hermano menor de Maximilien, también participó activamente en el gobierno revolucionario.

de Napoleón en un momento crucial para ambos. Sus círculos sociales facilitaron su encuentro en París en 1795, en un momento en el que Francia aún se tambaleaba tras la Revolución. Josefina, miembro destacado de la élite social parisina, se había establecido en esos círculos gracias a su primer matrimonio con Alexandre de Beauharnais, quien fue ejecutado durante el Reinado del Terror.

Napoleón, entonces un militar ambicioso y en ascenso, quedó inmediatamente cautivado por la gracia y elegancia de Josefina. Su primer encuentro fue en un evento social en París, donde el encanto y el ingenio de Josefina fascinaron al joven general. A pesar de sus diferentes orígenes, – Josefina formaba parte del orden social establecido y Napoleón seguía subiendo en la jerarquía social – su atracción fue mutua e intensa.

El cortejo fue breve pero intenso. Su relación floreció rápidamente, alimentada por las fervientes cartas de amor de Napoleón, que desde entonces se hicieron famosas por su intensidad y elocuencia.

Su matrimonio en 1796 no fue sólo una unión romántica, sino también una alianza estratégica para Napoleón. Las conexiones y el estatus de Josefina en la sociedad francesa le permitieron acceder a círculos sociales más elevados, los cuales eran cruciales para sus ambiciones políticas. Por otro lado, Josefina, viuda, con dos hijos y con una seguridad financiera incierta, encontró estabilidad y protección en su matrimonio con Napoleón, figura que ganaba rápidamente prominencia.

Antes de dirigirse a Italia, Napoleón se centró en reorganizar y revitalizar el ejército en la región, una tarea que requería una importante planificación logística y estratégica. Trabajó incansablemente para preparar a sus tropas, muchas de las cuales estaban desmoralizadas y mal equipadas, para la próxima campaña.

Esta podría considerarse la primera gran oportunidad de Napoleón, ya que dirigió el ejército francés en Italia de 1796 a 1797, y fue nombrado comandante en jefe del Ejército de los Alpes. Se hizo cargo de un ejército que no atravesaba un buen momento y que se enfrentaba a un fuerte enemigo, Austria. Napoleón transmitió nuevas energías a sus tropas luchando junto a ellas y prometiéndoles recompensas por sus victorias. Además, cambió la forma de luchar de su ejército, haciéndolo más rápido y flexible, utilizando el factor sorpresa como principal recurso para vencer al enemigo.

También contribuyó a cambiar el panorama político en Italia, haciendo tratos con los territorios que conquistaba y devolviendo al gobierno de París los recursos que tanto necesitaba. La reputación de Napoleón como líder militar aumentó sustancialmente tras ganar importantes batallas como las de Lodi y Arcole, aumentando enormemente su prestigio en Francia con un total de dieciocho victorias durante la campaña italiana.

Tras su campaña en Italia, Napoleón aspiraba a desafíos aún mayores. Por ello, dirigió su mirada hacia Egipto, con la esperanza de interrumpir el comercio británico con la India. El ejército de Napoleón, compuesto por unos 35.000 soldados, desembarcó en Alejandría en julio de 1798. Rápidamente, los franceses capturaron la ciudad y Napoleón desplazó sus fuerzas hacia El Cairo, logrando una victoria decisiva en la Batalla de las Pirámides, el 21 de julio de 1798.

Las fuerzas francesas se aseguraron una importante

 victoria utilizando el cuadro de infantería* contra la caballería mameluca. Aunque fue un éxito militar, la batalla también es recordada por la exploración científica y cultural que impulsó, y que condujo al descubrimiento de la Piedra de Rosetta, pieza clave para descifrar jeroglíficos egipcios.

Además, en Egipto (que formaba parte del Imperio Otomano pero estaba gobernado por los beys mamelucos), Napoleón utilizó otras tácticas, como afirmar que era amigo del sultán otomano y que quería reducir el poder de los mamelucos. Además, utilizó mensajes religiosos para ganarse el apoyo de la población. Empezó a gobernar el país creando consejos y colocando a líderes religiosos (ulamas) en puestos clave de El Cairo y otras regiones.

Sin embargo, la batalla naval del Nilo, librada el 1 de agosto de 1798, fue un punto de inflexión en la campaña. La Marina Real británica, al mando del almirante Horatio Nelson, destruyó la flota francesa, dejando a las fuerzas de Napoleón aisladas en Egipto.

---

* El cuadro de infantería es una formación militar utilizada habitualmente por las unidades de infantería en los siglos XVII y XIX, especialmente eficaz contra los ataques de caballería. En esta formación, los soldados de infantería se colocan en orden cerrado creando un cuadro apretado, con los soldados de todos los lados mirando hacia el exterior.

Esta derrota naval fue un contratiempo considerable, que resaltó la importancia estratégica del poder naval, del que Napoleón carecía notablemente. La Campaña Egipcia continuó con resultados desiguales; aunque cosechó algunos éxitos militares, se vio obstaculizada por situaciones como las enfermedades, los problemas de abastecimiento y las guerrillas de las fuerzas locales.

A principios de 1799, Napoleón encabezó una invasión a Siria, gobernada por los otomanos, con el objetivo de asestar un nuevo golpe a los intereses británicos y quizás incluso establecer una presencia francesa en la zona. La campaña comenzó con éxito con la toma de ciudades como Gaza y Jaffa. Sin embargo, el asedio de Acre, que duró de marzo a mayo de 1799, supuso un importante retroceso. La ciudad, defendida por fuerzas otomanas y británicas, resistió los repetidos asaltos por parte de los franceses.

El fracaso en Acre, combinado con el brote de peste entre sus tropas, obligó a Napoleón a retirarse a Egipto. La Campaña de Siria mostró las dificultades logísticas de operar lejos de Francia y los límites del alcance militar de Napoleón.

Desde otra perspectiva, la Campaña Egipcia de Napoleón no fue sólo una expedición militar, sino un extraordinario viaje de descubrimientos científicos y culturales que contribuyeron grandemente a la comprensión occidental de la antigua civilización egipcia. Cuando Napoleón se embarcó en esta ambiciosa expedición a Egipto en 1798, llevó consigo algo más que soldados: le acompañaba un grupo de más de 150 eruditos y científicos. Este equipo, conocido como la *Comisión de Ciencias y Artes*, incluía ingenieros, botánicos, artistas e historiadores que tenían como principal tarea estudiar y documentar los aspectos antiguos y modernos de la vida egipcia.

Una de las contribuciones más notables de esta campaña fue el descubrimiento de la Piedra de Rosetta en julio de 1799 cerca de la ciudad de

Rosetta (Rashid)*. Esta pieza, que tenía inscrito el mismo texto en tres escrituras diferentes – jeroglíficos del antiguo Egipto, escritura demótica y griego antiguo– fue clave para descifrar los jeroglíficos egipcios.  El estudio de la Piedra de Rosetta permitió a los eruditos desvelar los secretos de la escritura y la literatura del antiguo Egipto, estableciendo así una nueva era en el campo de la egiptología.

Además, los eruditos que acompañaban a Napoleón llevaron a cabo extensas prospecciones y excavaciones, que permitieron profundizar en el conocimiento de la historia, la cultura y la arquitectura egipcia.

Sus hallazgos se publicaron posteriormente en la monumental obra *Description de l'Égypte*, que proporcionó a los europeos su primer estudio exhaustivo de las antigüedades egipcias. Esta publicación influyó notablemente en el arte y la

---

* La ciudad de Rosetta, conocida en árabe como Rashid, es una ciudad portuaria situada en el delta del Nilo, en Egipto. Es famosa por ser el lugar donde se descubrió la Piedra de Rosetta en 1799. La Piedra de Rosetta es una estela de granodiorita en la que está inscrito un decreto promulgado en Menfis en el año 196 a.C., durante la dinastía ptolemaica.

arquitectura europea, provocando una oleada de egiptomanía en todo el continente.

La incursión de Napoleón en Egipto también destacó por sus intentos de asimilación cultural. Mostró respeto por la religión y las costumbres locales, intentando posicionarse como un salvador que liberaría a los egipcios del dominio mameluco. Este enfoque, aunque con resultados desiguales, demostró que Napoleón comprendía la importancia de la sensibilidad cultural y religiosa para gobernar.

En esencia, la Campaña Egipcia, aunque fue una operación militar mixta, marcó un hito en la historia del intercambio cultural y la exploración científica. Demostró el aprecio de Napoleón por el conocimiento, la cultura y su ambición de extender la influencia francesa más allá de los límites territoriales. Esta campaña dejó una huella imborrable en el estudio de las civilizaciones antiguas y ejemplificó la interconexión de la conquista militar y la ilustración cultural.

Aunque las Campañas de Italia y Egipto tuvieron resultados diferentes, ambas fueron importantes para demostrar las aptitudes de Napoleón como líder y estratega. También mostraron algunos de sus puntos débiles, como asumir demasiado y no tener una marina fuerte. En medio de todo el desorden de la Revolución, Napoleón destacó no sólo como general, sino como una figura legendaria. Su gran personalidad, su éxito en las batallas y sus inteligentes movimientos políticos le sirvieron como preparación para regresar a Francia y ascender a lo más alto.

3

Ascensión de un Emperador: Del golpe a la coronación (1799-1804)

Cuando el siglo XVIII llegaba a su fin, Francia estaba sumida en la confusión, sacudida por el fervor revolucionario y la inestabilidad política. En 1799, Napoleón regresó a Francia, tras no haber tenido la mejor de las suertes en Egipto. A pesar de los tropiezos en el Medio Oriente, fue recibido como un héroe, manteniendo intacta su reputación de genio militar. Su éxito en Italia y su decidido liderazgo en Egipto habían cautivado la imaginación pública, posicionándole como un posible líder en el turbulento panorama político francés.

La política francesa de la época era un laberinto de facciones y luchas de poder. El gobierno, conocido como el Directorio, era débil y estaba dividido. Napoleón, con su poder militar y su popularidad, emergió como una figura central en estos tiempos difíciles. Personas influyentes como Emmanuel Joseph Sieyès, miembro clave del Directorio, vieron en Napoleón a un militar brillante, útil para estabilizar el gobierno.

El año 1799 fue determinante para Napoleón. Sieyès y su aliado, Roger Ducos, tramaron un golpe de estado para derrocar al Directorio. Para poder llevar a cabo su plan, necesitaban un líder militar fuerte y Napoleón era la elección más obvia. En noviembre de 1799, conocido en el calendario revolucionario como Brumario, se ejecutó el plan del golpe de Estado. Sin embargo, hubo resistencia, sobre todo en el Consejo de los 500, donde Napoleón fue agredido físicamente. Fue gracias a la intervención de sus leales soldados que el golpe triunfó, lo que condujo a la disolución del Directorio.

Como consecuencia del golpe, se estableció un nuevo régimen: el Consulado, formado por tres cónsules:

Sieyès, Ducos y Napoleón. Inicialmente considerado como el socio menor, Napoleón pasó rápidamente por encima de sus colegas, asegurando así el poder en sus manos. Se convirtió en el Primer Cónsul y, de hecho, en el gobernante de Francia. Su ascenso se caracterizó tanto por su habilidad para desenvolverse en el ámbito político como por su capacidad para aprovechar el deseo de estabilidad y liderazgo de la opinión pública.

Como Primer Cónsul, Napoleón emprendió una serie de reformas destinadas a estabilizar y modernizar Francia. En 1800, creó la *Banque de France* para estabilizar el sistema monetario tras la Revolución. Esto ayudó a asegurar que el país tuviera suficiente dinero y fuera financieramente estable.

Asimismo, reestructuró el gobierno francés, aplicando reformas legales, cambiando leyes y centrándose en reconstruir la economía francesa. Uno de sus mayores cambios fue el Código Napoleónico, o Código Civil Francés, introducido en 1804.

Antes de estos cambios, Francia tenía muchas leyes locales diferentes y reglas impuestas por reyes o señores. Jean-Jacques Régis Cambacérès fue el primero en intentar elaborar un conjunto único de leyes, pero sólo se utilizaron algunas de sus ideas. Cuando Napoleón se convirtió en líder en 1799, consiguió que un grupo de abogados de alto nivel dirigidos por Cambacérès terminaran el Código. Lo terminaron en 1801, pero no se publicó hasta 1804.

El Código Napoleónico estableció un conjunto de leyes para toda Francia, basado en ideas de la Revolución Francesa como la igualdad de todos ante la ley y la protección de la propiedad. Eliminaba los antiguos privilegios basados en el nacimiento, permitía la libertad religiosa y garantizaba que los ciudadanos pudieran conservar sus propiedades. Pero también mostraba las anticuadas opiniones de Napoleón sobre las mujeres, al concederles menos derechos.

La influencia del Código fue de gran alcance, extendiéndose por toda Europa y por el mundo durante las guerras napoleónicas. Este Código influyó en las leyes de toda Europa e incluso de Estados Unidos, en lugares como Luisiana. Acabó con el feudalismo y ayudó a liberar a las personas que estaban ligadas a esas tierras. Esto supuso un gran cambio respecto al antiguo conflicto entre el poder del rey y los derechos de las distintas clases sociales. Ahora, la ley era clara y fácil de entender para todos. Su reinado se caracterizó por una mezcla de normas estrictas y actualizaciones inteligentes, con el objetivo de mantener el éxito de la Revolución al tiempo que se deshacía de sus aspectos extravagantes.

A finales del siglo XVIII, la Iglesia católica francesa había perdido gran parte de su antigua gloria e influencia como consecuencia directa de la Revolución. Sin embargo, Napoleon reconocía el poder de la Iglesia como fuerza unificadora y aprovechó la oportunidad de utilizarlo para sus fines políticos. No lo hizo porque fuera devoto o porque quisiera devolverle a la Iglesia su antiguo poder; más bien, fue un movimiento calculado para estabilizar su régimen y obtener un apoyo más amplio.

El movimiento clave de Napoleón tuvo lugar el 15 de julio de 1801, con la firma de un acuerdo con el Papa Pío VII. Este acuerdo reconocía al catolicismo como la religión principal de la mayoría de los franceses, pero no la convertía en la religión oficial del Estado. Esta distinción fue importante, ya que le permitió a Napoleón satisfacer tanto a la Iglesia como a los demás grupos religiosos de Francia.

La decisión de Napoleón de restaurar la Iglesia fue recibida con reacciones encontradas. Aunque esta medida disgustó a algunos grupos revolucionarios, especialmente a los jacobinos y a los pensadores extremistas que consideraban que iba en contra de la aversión de la Revolución hacia la Iglesia, fue admirada por la mayoría de la gente e inmensamente popular entre la población en general. Para muchos, el restablecimiento de las prácticas católicas y la reapertura de las iglesias simbolizaban la vuelta a la normalidad y la estabilidad.

Es importante comprender que el hecho de que Napoleón trajera de vuelta a la Iglesia no era más que un paso hacia un objetivo mayor. Bajo su mandato, la Iglesia no tenía el mismo poder que alguna vez tuvo; de hecho, era una parte más del gobierno que Napoleón controlaba. Napoleón incluso se aseguró de que la Iglesia no recuperara las tierras que había perdido durante la Revolución como consecuencia de los cambios realizados durante esta.

El 7 de febrero de 1800, una votación nacional preguntó a los franceses si querían a Napoleón como cónsul vitalicio. Los resultados del 18 de febrero mostraron que una gran mayoría dijo "Sí", más de 3 millones de personas, frente a sólo 1.562 que dijeron "No". Los historiadores creen que esta votación fue manipulada por el hermano de Bonaparte. Pero, como consecuencia de la votación, las reglas cambiaron y Napoleón se convirtió en "Cónsul vitalicio". Este fue un gran paso para convertirse en Emperador. Empezó a fortalecer su poder, controló las noticias e impidió que la gente discrepara de él. Su éxito en las batallas también le ayudó a hacerse más poderoso y respetado.

Napoleón también utilizó el arte para promover su agenda política y muchos artistas florecieron bajo su patrocinio. Además de Jacques-Louis David, su apoyo benefició a artistas como Antoine-Jean Gros, Jean-Auguste-Dominique Ingres y Anne-Louis Girodet. Sus obras a menudo representaban acontecimientos clave de la era napoleónica, contribuyendo a construir una visión más romántica de la carrera militar y política de Napoleón, creando obras como "La coronación de Napoleón" y "Napoleón cruzando los Alpes". Napoleón también utilizó el arte como herramienta diplomática, regalando obras de arte a aliados e importantes personalidades europeas. Esta práctica no sólo demostraba su aprecio por las artes, sino que también servía para extender su influencia y cultivar relaciones favorables.

Napoleón era un patrocinador de las artes y las utilizaba para glorificar su régimen y promover los ideales del Imperio. Además,  comprendió el poder del arte como forma de propaganda y lo utilizó para moldear su imagen pública e inmortalizar sus logros. Las obras de arte encargadas por él a menudo lo representaban como una figura más grande que en la vida real, enfatizando su papel de genio militar y gobernante benevolente. Este enfoque contribuyó a modelar la percepción pública y a reforzar su autoridad. Bajo el reinado de Napoleón, el neoclasicismo se convirtió en el estilo artístico dominante por su capacidad para transmitir la grandeza y el carácter intemporal de la antigüedad clásica.

Así, tras un largo camino de consolidación de su imagen, el 2 de diciembre de 1804, en una lujosa ceremonia en la catedral de Notre Dame de París, Napoleón se coronó Emperador de los franceses, marcando el punto culminante de su ascenso de líder militar a gobernante absoluto de Francia. La coronación, a la que asistió el Papa Pío VII, fue una afirmación simbólica de su autoridad y una ruptura con las estructuras del poder monárquico tradicionales de Europa. La ceremonia de la coronación de Napoleón como Emperador de Francia evocó la grandeza de los antiguos faraones. La autocoronación fue una declaración audaz que transportó a la gente a Egipto, ante su magnífica presencia. Esta reafirmaba creencia en el papel que le correspondía y en su autoridad, afirmando que su poder procedía del apoyo del pueblo y no de un derecho divino o de un poder otorgado por Dios. Junto a él, Josefina se convirtió en la primera emperatriz. Su coronación fue un acontecimiento ostentoso, reflejo del amor que Napoleón sentía por ella y de la importancia de su cargo. Como emperatriz, Josefina desempeñó un papel vital en la vida social de la corte y fue admirada por su estilo y gracia.

Napoleón, ahora Emperador Napoleón I, no sólo había asegurado su posición al frente de Francia, sino que también había remodelado la nación francesa, dejando una huella imborrable en su historia y en la de Europa.

4

El Nuevo Imperio: Batallas y dominio (1804/1805-1807)

1804 fue un año monumental para Francia y para Napoleón Bonaparte. Tras años de agitación política, el Senado francés declaró emperador a Napoleón el 18 de mayo. Con este nuevo título, Napoleón no sólo consolidó su poder, sino que se embarcó en un viaje para remodelar el panorama europeo.

El año 1805 estuvo marcado por importantes acciones militares en el nuevo Imperio, siendo las más notables la Batalla de Trafalgar y la Batalla de Austerlitz. La primera, ocurrida el 21 de octubre, fue un enfrentamiento naval en el que la Marina Real británica, bajo el mando del almirante Nelson, derrotó a las flotas combinadas de Francia y España. Esta batalla fue un punto de quiebre en la guerra naval que estableció la supremacía británica en los mares. Para Francia, representó la debilidad de sus fuerzas navales, que carecían de la rica tradición del poder naval de los ingleses. A pesar de contar con navíos formidables y mandos competentes, la Armada francesa se vio perjudicada por la escasez de suministros, el mal mantenimiento de los barcos y la falta de oficiales experimentados, muchos de los cuales habían huido del país o se habían alistado en la marina comercial.

El 2 de diciembre, Napoleón logró una abrumadora victoria contra Austria y Rusia en la Batalla de Austerlitz, también conocida como la Batalla de los Tres Emperadores. Esta batalla suele considerarse como la victoria más grande de Napoleón, en la que su habilidad estratégica eclipsó a las fuerzas combinadas de dos grandes potencias europeas.

Frente a una fuerza combinada ruso-austriaca, Napoleón fingió hábilmente debilidad para atraer a sus enemigos a una posición vulnerable. Bajo el mando del zar Alejandro I de Rusia* y del emperador del Sacro Imperio Romano Germánico Francisco II, los ejércitos aliados se confiaron, extendieron sus líneas demasiado, cayendo en la trampa de Napoleón. Con su gran movilidad y cohesión, las tropas francesas atacaron con decisión y aprovecharon la sobreextensión del enemigo, lo que provocó la confusión entre las fuerzas ruso-austriacas. La batalla resultó en aproximadamente 36.000 bajas aliadas frente a unas 9.000 francesas. Los franceses capturaron alrededor de 20.000 prisioneros y 180 cañones.

La victoria de Austerlitz no fue sólo una exhibición de

---

* El zar Alejandro I de Rusia (1777-1825) fue emperador de Rusia de 1801 a 1825 y a menudo se le recuerda por su papel en las guerras napoleónicas y por sus esfuerzos en la diplomacia europea. Tras ascender al trono luego del asesinato de su padre, el zar Pablo I, el reinado de Alejandro marcó un periodo de importantes cambios políticos y sociales en Rusia.

destreza militar, sino que también tuvo profundas repercusiones políticas. La victoria disolvió la Tercera Coalición contra Francia y consolidó la posición de Napoleón como fuerza dominante en Europa Central. El triunfo obligó a Austria a firmar el Tratado de Presburgo, a través del cual se entregaron importantes territorios a Francia y sus aliados, marcando un punto álgido en el reinado imperial de Napoleón. La batalla no sólo demostró su destreza militar, sino que también mejoró significativamente su posición en Europa, infundiendo temor en los corazones de sus enemigos.

En 1806, Napoleón continuó expandiendo su influencia. El 12 de julio estableció la Confederación del Rin, un conjunto de estados alemanes bajo protección francesa, disolviendo así el Sacro Imperio Romano Germánico. Este movimiento fue un esfuerzo estratégico para consolidar su poder en Alemania y crear así una zona de contención contra sus enemigos.

La campaña militar de 1806 culminó con la batalla de Jena-Auerstedt el 14 de octubre. El ejército prusiano fue derrotado contundentemente por las fuerzas de Napoleón. En Jena, el propio Napoleón dirigió las fuerzas francesas contra el ejército prusiano del príncipe Hohenlohe. Simultáneamente, en Auerstedt, el mariscal Davout se enfrentó a una fuerza prusiana mayor bajo el mando del duque de Brunswick. Ambas batallas demostraron la eficacia de las modernas tácticas de Napoleón contra la anticuada doctrina militar prusiana. El ejército prusiano sufrió unas 25.000 bajas, mientras que las pérdidas francesas fueron unas 14.000.

Las fuerzas francesas, mediante rápidas operaciones y ataques coordinados, arrollaron a los ejércitos prusianos en ambos frentes. Las consecuencias fueron devastadoras para Prusia: los franceses capturaron Berlín y su colapso militar provocó importantes pérdidas territoriales en el Tratado de Tilsit. La derrota en Jena-Auerstedt también marcó el inicio de la reforma militar de Prusia. En conjunto, estas batallas marcaron la caída de Prusia como gran potencia europea y demostraron la agilidad estratégica y la eficacia operativa del ejército napoleónico. Esta victoria no fue sólo un triunfo en el campo de batalla, marcó el declive de Prusia como potencia militar y amplió el control de Napoleón sobre gran parte de Alemania.

Por otro lado, quizás el acontecimiento no militar más significativo de 1806 fue el establecimiento del Sistema Continental, iniciado por el Decreto de Berlín el 21 de noviembre. Se trataba de un bloqueo económico contra Gran Bretaña, diseñado para destruir su economía al cortar su comercio con Europa. Sin embargo, el sistema resultó difícil de aplicar y tuvo consecuencias imprevistas, provocando dificultades económicas generalizadas en toda

Europa, incluida Francia, y estimulando el contrabando y el comercio ilegal.

Otra de las importantes contribuciones no militares de Napoleón en esta etapa de remodelación de Francia fue la ampliación y reorganización del Museo de Louvre. Enriqueció sus colecciones con obras de arte incautadas durante sus campañas militares por Europa, lo que lo convirtió en uno de los mayores centros de arte del mundo.

En 1807, Napoleón dirigió su atención hacia la Península Ibérica. El 2 de mayo inició la Guerra Peninsular, un costoso y prolongado conflicto en España. Su decisión de invadir España y Portugal se debió en parte a la alianza de estos dos países con Inglaterra y en parte a su deseo de imponer el Sistema Continental. Sin embargo, la campaña de España puso en relieve las limitaciones de la estrategia militar de Napoleón y su subestimación de las guerrillas* que dirigía el duque Wellington.

La toma de posesión de su hermano José Bonaparte como rey de España el 20 de julio fue recibida con

---

* La guerrilla es una forma de guerra irregular en la que pequeños grupos de combatientes, como paramilitares, civiles armados o irregulares, utilizan tácticas militares como emboscadas, sabotajes, incursiones, guerra menor, tácticas de ataque y retirada y movilidad para luchar contra un ejército tradicional más numeroso y menos móvil. Es un tipo de guerra caracterizado por su dependencia del elemento sorpresa, un profundo conocimiento del terreno y el apoyo de la población local.

una feroz resistencia por parte de la población española. La Guerra Peninsular agotó los recursos franceses, puso al límite la capacidad militar de Napoleón y, en última instancia, se convirtió en uno de los errores de cálculo más remarcables de Napoleón. El accidentado territorio de España, la hostilidad de la población y las dificultades para mantener las líneas de suministro convirtieron la campaña en un desafío para las fuerzas francesas.

5

Vida personal y profesional: Turbulencias y transición (1808-1810)

El año 1808 trajo consigo un cambio significativo en el reinado de Napoleón Bonaparte. La decisión de poner a su hermano en el trono español fue considerada como una afirmación de la influencia de la dinastía Bonaparte, que fue recibida con una amplia oposición por parte del pueblo y tuvo importantes repercusiones. Además, esta decisión también generó tensión en la relación de Napoleón con su hermano, quien percibía la corona española como una posición pesada y precaria.

En 1809, se produjo otro cambio cuando el Imperio austriaco, revitalizado y decidido a vengar derrotas anteriores, desafió a Napoleón. La batalla de Wagram, en julio de ese año, es particularmente digna de mención. Aunque terminó con la victoria de los franceses, fue una batalla muy reñida y costosa, mostrando el resurgimiento de la destreza militar austriaca. Las fuerzas de Napoleón, aunque triunfantes, se vieron cada vez más presionadas y tuvieron que luchar en múltiples frentes para ganar la batalla.

Ese año también supuso un revuelo en la vida personal de Napoleón. La emperatriz Josefina, durante mucho tiempo compañera y confidente de Napoleón, había sido incapaz de darle un heredero, lo que llevó a la disolución de su matrimonio. Esta situación se vio agravada por los rumores de infidelidad por parte de Josefina. La decisión de poner fin al matrimonio no fue meramente personal, sino profundamente política, pues reflejaba el deseo de Napoleón de asegurar su legado y reforzar alianzas a través del matrimonio.

Así, en 1810, la vida personal de Napoleón dio un giro dramático al contraer nupcias con María Luisa, hija del emperador de Austria. Este matrimonio fue más que una unión personal; fue una importante alianza política entre antiguos enemigos. María Luisa, sobrina de María Antonieta, representaba un puente entre Francia y uno de sus más formidables adversarios, Austria.

María Luisa se adaptó a su papel de emperatriz, aunque al principio la transición le resultó difícil, dado el trasfondo político y la presión social a la que se enfrentaba. Sin embargo, su papel principal en la vida de Napoleón era concebir un heredero.

En medio de cambios personales, Napoleón siguió aplicando importantes reformas internas en Francia y en los territorios bajo su control. Sin embargo, su Sistema Continental, que fortaleció y reforzó, y que pretendía debilitar económicamente a Gran Bretaña, se enfrentaba a desafíos. El bloqueo era difícil de mantener y estaba causando tensiones económicas en Francia y sus aliados, lo que provocó un creciente descontento entre las naciones europeas. Además, como parte de la reestructuración de los territorios alemanes, Napoleón creó el Gran Ducado de Frankfurt, un estado títere bajo influencia francesa.

Hacia 1810, el estilo de liderazgo de Napoleón había mutado. El carismático líder, antes conocido por su estrecha relación con sus tropas y sus audaces estrategias militares, era visto cada vez más como un hombre distante y autocrático. Su incesante búsqueda de poder y expansión territorial provocó una creciente disconformidad en el ejército y gobierno franceses, así como la inquietud de la población.

Los años 1808, 1809 y 1810 fueron un periodo de contrastes y complejidad en la vida de Napoleón. Estuvieron marcados por importantes compromisos militares, una gran transición personal y política a través de su unión con María Luisa, y los continuos retos de gobernar un imperio vasto y diverso. Estos años sentaron las bases de las últimas etapas de su reinado, caracterizadas por el agravamiento de los conflictos europeos, las discordias internas y el declive final del Imperio napoleónico.

6

Campañas rusas: El comienzo del declive (1810-1813)

En 1810, Napoleón Bonaparte, Emperador de Francia, a pesar de los recientes desafíos en su vida personal y profesional, estaba en la cima del poder. Su imperio se extendía de España a Rusia, imponiendo el respeto y el temor de Europa.

Asimismo, en 1811, su objetivo de tener un heredero también se cumplió, con el nacimiento de su primer y único hijo con María Luisa, Napoleón Francisco José Carlos Bonaparte, conocido como el Rey de Roma. Este nacimiento fue celebrado en todo el Imperio, ya que aseguraba la sucesión de la dinastía Bonaparte.

Para entonces, Napoleón también había cambiado la forma en que se dividía Francia. Se deshizo del antiguo sistema basado en la historia o el feudalismo y creó un nuevo sistema con departamentos que tenían aproximadamente el mismo tamaño y el mismo número de habitantes.

Para 1812, Francia tenía más de 130 departamentos. Cada departamento tenía un jefe llamado prefecto, elegido por Napoleón por su lealtad y habilidad, y no por sus conexiones locales. Estos prefectos velaban por el cumplimiento de las leyes y políticas del gobierno, recaudaban impuestos, dirigían la policía y se ocupaban de los proyectos públicos. También había subprefectos y alcaldes que ayudaban a gestionar zonas más pequeñas. Esto hacía que el gobierno fuera más central y reducía el poder de los nobles locales y de las autoridades regionales.

El sistema fiscal también se modificó para que fuera más justo y funcionara mejor. Napoleón introdujo un sistema de impuestos directos que era más favorable para los pobres y aportaba más dinero al gobierno. Incluía impuestos sobre la tierra, las personas, las ventanas y puertas y los artículos de lujo. El sistema fiscal era más sencillo y justo, en consonancia con las ideas de igualdad de la Revolución. Napoleón también se aseguró de que las propiedades se midieran con precisión para que los impuestos fueran justos.

Pero la Guerra Peninsular (1807-1814) se estaba convirtiendo en un problema cada vez mayor para Napoleón. La decisión de  colocar a su hermano José en el trono español había provocado una resistencia generalizada que condujo a las guerrillas. La batalla de Bussaco en Portugal, en la que los franceses sufrieron un contratiempo, reveló los retos a los que se enfrentaba Napoleón para mantener su dominio. Mientras Masséna, la persona designada por Bonaparte para dirigir la batalla, avanzaba hacia Portugal, Wellington (el líder del otro ejército) retrocedió para atraer a los franceses hacia una posición más favorable para las fuerzas aliadas. Wellington decidió situarse en la Serra do Buçaco, una cresta montañosa del centro de Portugal. El lugar proporcionaba una ventaja notable para las fuerzas defensoras, ya que ofrecía un terreno elevado y barreras naturales contra los atacantes. Masséna lanzó un asalto frontal contra la posición aliada. A pesar de enfrentarse a un enemigo numeroso y bien organizado, los franceses se mostraron confiados, fiándose de su superioridad numérica y de la destreza de sus tropas.

La batalla fue feroz, con las fuerzas francesas intentando escalar repetidamente las alturas de la cresta. Sin embargo, se encontraron con una intensa resistencia por parte de las tropas anglo-portuguesas, que estaban bien preparadas y posicionadas. Los franceses sufrieron numerosas bajas al intentar escalar las empinadas laderas bajo un fuego constante. Wellington había desplegado sus tropas con eficacia, aprovechando las defensas naturales de la cresta. Los soldados británicos y portugueses, muchos de ellos veteranos de guerra, lucharon tenazmente, repeliendo los asaltos franceses. Al final del día, los franceses no habían logrado romper las líneas de Wellington y habían sufrido importantes pérdidas. Masséna se dio cuenta del fallo del asalto frontal y decidió retirarse. La batalla de Bussaco fue una clara victoria para Wellington y sus fuerzas, demostrando su capacidad para resistir al experimentado ejército francés.

A pesar del resultado de la batalla, el conflicto continuó y a menudo se hace referencia a él como la "úlcera española", ya que redujo la fuerza militar francesa y expuso las vulnerabilidades del imperio de Napoleón. El término "úlcera española" fue dado por el propio Napoleón, expresando su frustración por la naturaleza prolongada y costosa de la guerra en la Península Ibérica, ya que esta guerra desvió la atención y los recursos de otros frentes, contribuyendo al debilitamiento final del dominio de Napoleón sobre Europa.

A pesar de las pérdidas sufridas en la úlcera española, el deseo de Napoleón de dominar el mundo se mantenía firme. Así, en 1812, Napoleón tomó la fatídica decisión de invadir Rusia. La campaña rusa de Napoleón, a menudo considerada como uno de los mayores errores militares de la historia, fue un momento clave de su reinado. Quería obligar al zar Alejandro I de Rusia a adherirse al Sistema Continental y al bloqueo dirigido contra Gran Bretaña, para así extender y mantener el poder de Francia sobre Europa.

En junio de 1812, Napoleón dirigió un enorme ejército, de más de 600.000 soldados, hacia Rusia. Esta gran armada incluía tropas de diversas partes del imperio europeo de Napoleón. Al principio, avanzaron rápidamente por Rusia obteniendo cierto éxito, pero el ejército ruso evitaba las grandes batallas y se retiraba, quemando tierras y pueblos para impedir que los franceses encontraran comida y refugio.

Un momento crítico durante la campaña fue cuando Napoleón tomó Moscú en septiembre de 1812. Los rusos no se rindieron e incendiaron la ciudad, dejando a los franceses sin los recursos necesarios. Pronto comenzó el invierno, con temperaturas extremadamente bajas. El ejército francés no estaba preparado para el frío, ni tampoco contaba con los alimentos suficientes, lo que lo llevó a emprender la retirada.

La retirada fue una pesadilla. Los soldados se enfrentaron al frío incesante, el hambre, las enfermedades y los ataques de las fuerzas rusas. Muchos murieron, y cuando Napoleón regresó a Francia en diciembre, sólo una pequeña parte de su ejército quedaba. Esta campaña fue un enorme fracaso, que debilitó las fuerzas de Napoleón y alentó a sus enemigos en Europa.

Tras la terrible retirada de Moscú, Napoleón se enfrentó a la batalla de Leipzig, librada del 16 al 19 de octubre de 1813. Esta batalla involucró a muchos países europeos, convirtiéndola en una de las más grandes y sangrientas de las guerras napoleónicas.

Tras la Campaña de Rusia, se formó una coalición entre Rusia, Prusia, Austria y Suecia contra Napoleón. Sus ejércitos se encontraron con el de Napoleón en Leipzig, Sajonia (Alemania). A pesar de la inferioridad numérica de su ejército, Napoleón decidió luchar.

La batalla fue enorme, con la participación de más de 600.000 soldados. Incluyó fuego masivo de artillería, cargas de caballería e intensos combates. Napoleón luchó duramente, demostrando sus habilidades para dirigir una batalla de grandes proporciones. Sin embargo, las fuerzas de la coalición, bien coordinadas, hicieron retroceder lentamente a los franceses.

Un momento clave de la lucha ocurrió cuando las fuerzas lideradas por los suecos, comandadas por el antiguo mariscal de Napoleón Jean-Baptiste Bernadotte, atacaron a los franceses. Los sajones, que habían estado luchando en favor de los franceses, cambiaron de bando, ayudando a la coalición.

Después de cuatro días de intenso combate, Napoleón ordenó la retirada. La destrucción de un puente durante la retirada provocó muchas más muertes de soldados franceses. Esta batalla fue una gran derrota para Napoleón, obligando a las tropas francesas a abandonar Alemania y debilitando su control en Europa.

Durante estos tiempos de derramamiento de sangre y guerra, un aspecto positivo de las "guerras napoleónicas" fue su impulso a los avances científicos y médicos. La necesidad de mejorar el tratamiento de los soldados heridos en el campo de batalla condujo a mejoras en las técnicas quirúrgicas y la atención médica. De este modo, se demostró la influencia de Napoleón más allá del campo de batalla.

7

Cambio de rumbo: De Moscú a Elba (1813-1815)

Las semillas del declive de Napoleón se sembraron con su malograda campaña rusa de 1812. Tras perder en Leipzig, el Imperio napoleónico empezó a desmoronarse. En marzo de 1814, las fuerzas de la coalición habían tomado París. El dominio de Napoleón en Francia ya no era posible, por lo tanto, el 6 de abril de 1814, tuvo que renunciar a su trono. Se firmó el Tratado de Fontainebleau, que marcó el final de su etapa como emperador de los franceses. Este tratado lo envió al exilio en Elba, una pequeña isla cerca de Italia. Se le concedió el control de la isla, pero se le mantuvo bajo vigilancia.

La estancia de Napoleón en Elba, desde abril de 1814 hasta febrero de 1815, no solo marcó el declive de su poder. A pesar de haber sido despojado de su vasto imperio, Napoleón no perdió su pasión por la administración y la reforma. De hecho, al llegar a Elba, asumió el control de esta pequeña isla, habitada por unos 12.000 residentes, y comenzó a actuar como un minisoberano. Organizó las defensas de Elba y estableció una armada pequeña pero simbólica.

También se centró en mejorar la economía de Elba, promoviendo el desarrollo de las minas de hierro de la isla en Río
Marina. Introdujo técnicas agrícolas modernas y la rotación de cultivos, que mejoraron la agricultura local. También emprendió proyectos de infraestructuras, mejorando la red de carreteras para

facilitar los desplazamientos por la isla. En Portoferraio, la capital de la isla, Bonaparte inició proyectos de urbanismo y embellecimiento. Mandó a reparar las calles y a renovar los edificios públicos, y pretendía convertir Portoferraio en una ciudad modelo.

A pesar de todo el trabajo realizado durante su estancia en Elba, Napoleón se sintió a menudo aislado y profundamente afectado por la ausencia de su esposa, María Luisa, y de su hijo. A pesar de sus reiteradas peticiones, no se reunieron con él en Elba. Mantuvo correspondencia con su madre, Letizia Ramolino, y su hermana, la princesa Pauline Bonaparte, quien ocasionalmente lo visitaba.

Dado el tiempo libre, Napoleón se sumergió en una mezcla de introspección reflexiva y planificación inquieta. Reflexionaba con frecuencia sobre sus decisiones pasadas, especialmente la fallida campaña rusa, mientras contemplaba su futuro. Aunque parecía satisfecho externamente con su posición de gobernante, internamente estaba urdiendo planes para regresar al poder.

Con la ayuda de algunos seguidores leales que lo visitaban, Napoleón seguía de cerca la situación política en Europa. Estaba especialmente interesado en el Congreso de Viena, donde se decidía el destino de las naciones que una vez gobernó. Los informes que le llegaban sobre el creciente descontento con la restauración borbónica en Francia avivaron su deseo de volver.

Aprovechando la oportunidad, Napoleón utilizó su estancia en Elba para planear cuidadosamente su huida. Mantuvo una comunicación secreta con sus partidarios en Francia, evaluando el estado de ánimo de los militares y del público. A pesar del pequeño tamaño de sus fuerzas en Elba, Napoleón trabajó para asegurar su lealtad y preparación. Entrenaba con regularidad a sus tropas, compuestas por unos pocos cientos de hombres, al mantenerlos preparados y disciplinados.

En febrero de 1815, tras casi un año en Elba, Napoleón vio su oportunidad. Había observado cómo las potencias europeas se concentraban en el

Congreso de Viena e intuía el malestar existente en Francia contra el régimen del rey Luis XVIII. Con un pequeño grupo de soldados leales, se embarcó en el navío *Inconstant* y emprendió su audaz huida, que marcó el inicio de los Cien Días y su breve regreso al poder en Francia.

8

Cien Días y Waterloo: La última batalla (1815-1840)

La huida de Napoleón de Elba en febrero de 1815 y su posterior regreso a Francia marcaron el inicio de un periodo extraordinario de la historia, conocido como los Cien Días. Desembarcó en Francia el 1 de marzo de 1815 y rápidamente comenzó a reunir seguidores. Su viaje desde el sur de Francia hasta París fue una victoria estratégica. A medida que avanzaba, muchos soldados, descontentos con la monarquía borbónica, decidieron apoyarlo. Cuando llegó a París a finales de marzo, sus fuerzas habían aumentado considerablemente, lo que provocó la rápida partida del rey Luis XVIII.

Durante este renovado pero breve reinado, Napoleón trabajó incansablemente. Se centró en reformar la administración y reconstruir el ejército francés. Su objetivo era tranquilizar a las potencias europeas, en especial a las reunidas en el Congreso de Viena, respecto a sus intenciones pacíficas. No obstante, su regreso al poder provocó alarma entre estas naciones, que lo consideraron un exiliado y se prepararon para unirse en su contra una vez más.

Asimismo, Napoleón introdujo varias reformas para abordar los problemas de su reinado anterior. Propuso una nueva constitución, más liberal, con la esperanza de ganarse el apoyo de la opinión pública en medio de las crecientes tensiones. Sin embargo, este período se vio empañado por la amenaza inminente de guerra, lo que le obligó a dedicar importantes recursos a la preparación militar.

El punto álgido de los Cien Días de Napoleón ocurrió en la batalla de Waterloo, el 18 de junio de 1815. En esta batalla, cerca de Bruselas (Bélgica), Napoleón se enfrentó a una coalición británica liderada por el duque de Wellington y complementada por las fuerzas prusianas dirigidas por Gebhard Leberecht von Blücher.

La batalla comenzó con una ofensiva* de Napoleón contra las fuerzas británicas. Inicialmente, el ejército francés tuvo éxito, haciendo retroceder a las tropas de Wellington. Sin embargo, la situación cambió radicalmente con la llegada de las fuerzas prusianas de Blücher. La disciplinada defensa de Wellington, combinada con el ataque prusiano en el flanco de Napoleón, dio un giro decisivo en la batalla contra los franceses, lo cual resultó en una derrota catastrófica para Napoleón, sellando el fin de su imperio.

Tras la devastadora derrota de Waterloo, Napoleón regresó a París, donde encontró una fuerte resistencia política y una falta de opciones militares. Al darse cuenta de la inutilidad de su posición, abdicó por segunda vez el 22 de junio de 1815. Su plan inicial era refugiarse en Estados Unidos, pero las fuerzas navales británicas bloquearon la costa francesa. Finalmente, se rindió ante los británicos y fue exiliado a la remota isla de Santa Elena, en el Atlántico Sur.

---

* En términos militares, una "ofensiva" se refiere a una acción o campaña militar coordinada dirigida principalmente a atacar agresivamente y enfrentarse a un adversario con el objetivo de derrotarlo, tomar posesión de su territorio o causar daños significativos a sus fuerzas. Se caracteriza por maniobras proactivas y asertivas en contraposición a las tácticas defensivas, que se centran en proteger y mantener la propia posición. Una ofensiva puede adoptar diversas formas, como una invasión a gran escala, un ataque selectivo o una serie de ataques coordinados.

Napoleón llegó a Santa Elena en octubre de 1815, tras un largo y difícil viaje por mar. Su residencia, llamada Casa de Longwood, era una vivienda modesta y húmeda, muy alejada de las grandiosas y majestuosas viviendas que conocía. A pesar de estas humildes condiciones, Napoleón mantuvo un sentido de dignidad y rutina, rodeado de un pequeño grupo de leales seguidores, entre los que se encontraban el general Henri Bertrand y el conde Charles de Montholon.

Durante su estancia en Santa Elena se dedicó a diversas actividades: dictó memorias en las que reflexionaba sobre su vida y sus campañas, leía mucho e incluso se interesó por la jardinería. A menudo entablaba conversaciones con el gobernador británico y otros visitantes, procurando influir en su legado y en cómo se narraría su historia.

Los británicos, dirigidos por el gobernador Sir Hudson Lowe, impusieron estrictas restricciones a Napoleón, limitando sus comunicaciones y movilidad. Estas condiciones, unidas a su aislamiento y al limitado contacto con su familia en Europa, contribuyeron a crear en el un sentimiento de soledad y frustración.

La salud de Napoleón empeoró gradualmente durante su exilio. Sufrió diversas dolencias y su estado empeoró debido al clima húmedo de la isla. El deterioro de su salud y las penurias del exilio contrastaban con el poder e influencia que alguna vez tuvo.

Napoleón Bonaparte falleció en Santa Elena, a los 51 años de edad. En 1840, sus restos fueron repatriados a Francia y sepultados en Los Inválidos en París, donde siguen siendo un lugar de recuerdo y reflexión sobre su tumultuosa vida y su impacto en la historia.

9

Envuelto en misterio: El enigma de la muerte de Napoleón

Napoleón Bonaparte, el celebre personaje histórico, murió el 5 de mayo de 1821 en Santa Elena, una isla remota. Al igual que su vida, la muerte de Napoleón ha sido objeto de intensos debates y misterios, suscitando diversas teorías que continúan atrayendo el interés de muchas personas.

Durante su exilio en Santa Elena, la salud de Napoleón empeoró. A menudo tenía dolor de estómago y otros problemas de salud. El periodo que precedió a su muerte, estos problemas de salud se agravaron y Napoleón pasó gran parte del tiempo en cama en la Casa de Longwood, donde vivía.

Tras la muerte de Napoleón, su médico personal, el Dr. Francesco Antommarchi, y algunos médicos británicos, llevaron a cabo una autopsia. Reportaron que había muerto de cáncer de estómago, una enfermedad que también había afectado a su padre. Durante mucho tiempo, esta explicación fue ampliamente aceptada por la mayoría.

No obstante, en la década de 1960 surgió una nueva teoría. Análisis realizados en el cabello de Napoleón revelaron la presencia de altos niveles de arsénico en su cuerpo. Este descubrimiento suscitó especulaciones sobre la posibilidad de envenenamiento, incluso se llegó a considerar la participación de los británicos que lo custodiaban.

Sin embargo, estudios posteriores y un mejor entendimiento de ese período de la historia ofrecieron otras explicaciones sobre la presencia de arsénico. En aquella época, el arsénico era común en objetos como el papel tapiz y los medicamentos, lo que sugiere que

Napoleón podría haber estado expuesto al arsénico, no necesariamente envenenado a propósito.

Hoy en día, los expertos siguen debatiendo sobre la muerte de Napoleón. Algunos creen que la idea original de un cáncer de estómago tiene sentido por sus síntomas y antecedentes familiares. Otros no dejan pasar por alto los altos niveles de arsénico en su cabello, que podrían indicar que estuvo expuesto al elemento químico durante mucho tiempo, quizá sin que nadie quisiera propiamente envenenarlo.

La muerte de Napoleón, al igual que su vida, está envuelta de hechos y relatos difíciles de separar. Las preguntas y teorías sobre cómo murió hacen aún más interesante la historia de su vida. Su muerte marcó el final de una época importante en la historia, pero su vida y aventuras siguen siendo fascinantes e importantes.

En conjunto, el enigma en torno a la muerte de Napoleón contribuye a su leyenda. Ya sea que haya sucumbido al cáncer, al arsénico o a otra causa, sigue siendo una figura histórica relevante cuya vida y muerte continúan siendo temas de debate y estudio en la actualidad.

10

Legado duradero: Influencia después de la muerte

Napoleón Bonaparte, nombre que ha evocado imágenes de grandeza, genio militar y poder imperial, ha superado los límites del tiempo para convertirse en una presencia casi mítica. Y el "mito napoleónico" es una muestra de ello. Se trata de un fenómeno variado y en evolución, que abarca una gran variedad de relatos e interpretaciones que se han construido en torno a su vida y su legado.

El mito napoleónico empezó a tomar forma tras la muerte de Napoleón en 1821. La historia de su vida, un joven corso que se convirtió en Emperador de Francia, cautivó la imaginación del público. Sus campañas militares, que remodelaron el mapa de Europa, y sus reformas administrativas, en particular el Código Napoleónico, añadieron capas de complejidad a su historia.

Un elemento central del mito napoleónico es la representación de Napoleón como un héroe romántico. Su ascenso desde unos orígenes modestos y de clase media, marcado por una combinación de ambición, intelecto y carisma, se ajusta al arquetipo de un hombre que triunfó por sí mismo desafiando las adversidades. Sus estrategias y victorias militares, especialmente en batallas como la de Austerlitz, se destacan a menudo como prueba de su genialidad. Este aspecto del mito se enfoca en sus logros y, con frecuencia, deja en segundo plano el costo de sus guerras, las cuales ocasionaron numerosas muertes e inestabilidad.

Sin embargo, el mito napoleónico no está exento de controversias. El papel de Napoleón en la reinstauración de la esclavitud en las colonias francesas, después de haber sido abolida, es un duro recordatorio de las contradicciones de su política.

Además, las guerras que dirigió causaron profundas pérdidas humanas y una devastación generalizada, lo que plantea interrogantes sobre el precio de sus ambiciones. Estos aspectos contribuyen a una visión más matizada y a veces crítica de su legado.

El legado de Napoleón trasciende los confines de la historia y la política, alcanzando también la esfera de la representación cultural. Su imagen, con la famosa pose de la mano dentro del abrigo, ha quedado inmortalizada en la pintura, la literatura y la cultura pop. El poder simbólico de su figura ha sido plasmado en diversas expresiones artísticas, contribuyendo a la perdurabilidad del mito.

En el ámbito político, la imagen de Napoleón se ha utilizado para representar diversas ideologías. Para algunos, es un símbolo de tiranía y agresión militar, mientras que para otros representa a un líder visionario que llevó a cabo reformas muy necesarias. La flexibilidad de su imagen permite diversas interpretaciones, dependiendo de la perspectiva del espectador.

En Francia, Napoleón es reconocido como un ícono nacional que llevó la gloria a la nación y consolidó su estatus como gran potencia europea. Su reinado se considera como un periodo de importantes reformas que modernizaron Francia, entre las que destaca el Código Napoleónico. Este código reformó el sistema jurídico francés y sigue influyendo en muchos países.

En la época contemporánea, el mito napoleónico sigue evolucionando. Napoleón es objeto de estudio académico y de interés popular, y los debates sobre su papel en la historia siguen tan vivos hoy como hace siglos. La fascinación por este personaje histórico habla de la complejidad de su carácter y del impacto de sus acciones, que siguen suscitando debates y análisis. La historia de Napoleón no solo es el relato de una figura histórica, sino también una narrativa entrelazada en el tejido de la historia y la cultura humana, que continúa cautivando e intrigando.

El legado perdurable de Napoleón Bonaparte, marcado por sus conquistas militares y reformas políticas, ha dejado una huella imborrable que no se limita únicamente a las fronteras de Francia, sino que se extiende por todo el mundo, influyendo en diversos aspectos de la gobernanza moderna, el derecho y la estrategia militar.

El impacto de Napoleón se hizo sentir en toda Europa y más allá de sus fronteras durante su reinado y, aun hoy día, sigue siendo significativo. Sus campañas militares no sólo remodelaron la geopolítica europea, sino que también introdujeron nuevos conceptos de guerra y estrategia que influyeron en el pensamiento militar de todo el mundo.

El Código Napoleónico, quizá su legado más perdurable, ha dejado un impacto duradero en los sistemas jurídicos de todo el mundo. Sus principios de igualdad ante la ley, libertad religiosa y protección de la propiedad privada han sido adoptados de diversas formas en numerosos países.

Países como Italia y Alemania experimentaron notables cambios debido a las conquistas y reformas de Napoleón. En Italia, su gobierno contribuyó a allanar el camino para el movimiento de unificación. En Alemania, la disolución del Sacro Imperio Romano Germánico y la posterior reorganización de los estados contribuyeron a la posterior unificación de Alemania.

Las tácticas y estrategias militares de Napoleón, como el sistema de ejércitos y su énfasis en la artillería, dejaron una marca indeleble en la evolución de la doctrina militar moderna. Sus campañas se estudian en las academias militares de todo el mundo por su ingenio estratégico e innovación. La profunda influencia de las innovaciones militares de Napoleón es un claro testimonio de su legado perdurable, caracterizado tanto por la admiración hacia su talento táctico como por una revisión crítica de su amplia repercusión histórica.

El legado de Napoleón en la época moderna se caracteriza por una dualidad que refleja la complejidad de sus acciones y su impacto. A menudo se le considera como portador de los ideales de la Ilustración, difundiendo conceptos de gobierno laico, igualdad jurídica y meritocracia. Sus reformas, especialmente en el ámbito jurídico, sentaron las bases de los sistemas estatales modernos en Europa y fuera de ella. No obstante, Napoleón también es considerado un tirano que sumió a Europa en años de guerra, causando gran sufrimiento y pérdida de vidas. Su ambición y su implacable búsqueda del poder son a menudo objeto de críticas por su devastador impacto en Europa.

Pero sea cual sea el punto de vista, no se puede negar que las guerras napoleónicas cambiaron la imagen de los enfrentamientos bélicos y afectaron profundamente a la sociedad europea, causando importantes pérdidas de vidas humanas y penurias económicas que alteraron el panorama demográfico y social de Europa. Asimismo, la redefinición de las fronteras y la reestructuración de las entidades políticas durante su reinado dejaron una huella perdurable en la política europea y en las relaciones internacionales.

La influencia de Napoleón en los asuntos mundiales y en los sistemas de gobierno modernos es innegable, como lo es la controversia en torno a sus métodos y motivos. Desde una perspectiva contemporánea, Napoleón se muestra como una figura dual: tanto un visionario que aportó cambios significativos al mundo como un líder controvertido cuyas acciones provocaron conflictos y sufrimientos generalizados.

Su influencia también se percibe de muchas maneras en la cultura popular. Desde la literatura y el cine hasta el arte y la era digital, el personaje de Napoleón ha sido tanto celebrado como estudiado, lo que ilustra su influencia duradera en la cultura mundial.

La vida y el reinado de Napoleón han sido una rica fuente de inspiración para escritores y novelistas a lo largo de los siglos. Aparece en la novela épica de León Tolstoi "Guerra y paz", que lo retrata como una importante figura histórica cuyas acciones sirven de trasfondo a los acontecimientos de la historia. En "Los Miserables" de Victor Hugo, la influencia de Napoleón en la sociedad y la política francesas constituye un contexto crucial para los personajes y trama de la novela.

Además de estos clásicos, se han escrito numerosos libros, tanto de ficción como de no ficción, sobre

Napoleón, que exploran sus campañas militares, estrategias políticas y vida personal. Estas obras literarias abarcan desde biografías hasta novelas históricas, cada una de las cuales ofrece diferentes perspectivas sobre su complejo carácter.

La asociación de Napoleón con las artes se inició durante su reinado, con artistas como Jacques Louis David, quienes crearon pinturas icónicas que glorifican su gobierno y sus victorias. Esta tradición ha continuado, con innumerables artistas que han representado a Napoleón de diversas formas a lo largo de los años. Estas obras van desde representaciones heroicas a análisis más introspectivos y críticos de su vida y su impacto.

La industria cinematográfica también ha mostrado interés y fascinación por Napoleón. Películas como "Waterloo" (1970), "Napoleón" (1927), "El emperador de París" (2018) y "Napoleón" (2023) retratan diferentes fases de su vida, desde sus campañas militares hasta sus luchas personales. Estas películas suelen destacar su pensamiento estratégico y sus cualidades de liderazgo, al tiempo que ahondan en los aspectos más humanos de su personaje. Además de las películas biográficas, Napoleón aparece con frecuencia como personaje en películas ambientadas en la época napoleónica, lo que subraya la magnitud de su influencia en el siglo XIX.

El legado de Napoleón sigue cautivando la imaginación en la era digital moderna, apareciendo en videojuegos y contenidos en Internet que a menudo se centran en sus tácticas militares y batallas. Juegos de estrategia como la serie "Total War" permiten a los jugadores emular las campañas de Napoleón, llevando su genio militar a una nueva generación.

Además de su presencia en los videojuegos, el legado de Napoleón también ha encontrado un lugar único en el mundo de las redes sociales, especialmente en plataformas como Instagram y en el mundo de los memes de Internet. Aquí se le representa frecuentemente con una mezcla de humor y admiración, convirtiéndose en un símbolo que resuena entre un amplio público. En Instagram, las cuentas dedicadas a contenidos históricos suelen mostrar imágenes de Napoleón, acompañadas de anécdotas o citas, que muestran diferentes fases de su personalidad, liderazgo y tácticas militares.

En el mundo de los memes, Napoleón es muchas veces retratado como un símbolo de ambición y estrategia, pero también como una representación del distanciamiento y la soledad que pueden acompañar a la búsqueda excesiva de poder y el fracaso. La cultura meme que utiliza a Napoleón refleja cómo su imagen ha sido adaptada para encajar en las expresiones culturales modernas, convirtiéndolo en una figura ejemplar que trasciende los límites tradicionales del discurso histórico. Su imagen y su nombre se mencionan con frecuencia en la música, la televisión e incluso la publicidad, lo que demuestra su condición de ícono cultural.

A medida que evolucionan las perspectivas de la historia, también lo hacen las interpretaciones del legado de Bonaparte. Recientes representaciones culturales han empezado a explorar los aspectos más controvertidos de su reinado, como la reinstauración de la esclavitud en las colonias francesas y el coste de sus guerras. Estas reinterpretaciones ofrecen una visión más matizada de su impacto y su legado.

La presencia de Napoleón Bonaparte en la cultura popular es tan diversa como él mismo. Desde representaciones glorificadas de sus proezas militares hasta análisis críticos de su vida política y personal, su legado sigue siendo fuente de fascinación y debate. La representación de Napoleón en la literatura, el cine, el arte y los medios digitales refleja su importancia histórica y subraya su perdurable influencia como ícono cultural. Esta presencia universal en la cultura popular garantiza que la historia de Napoleón siga siendo relevante, atrayendo a nuevos públicos y suscitando nuevas perspectivas sobre su complejo legado.

Conclusión

Reflexionar sobre la vida y el legado de Napoleón Bonaparte nos embarca en un vasto viaje a través de experiencias humanas. Desde sus humildes orígenes en Córcega hasta su dominio sobre un vasto imperio europeo, Napoleón demostró tanto su genialidad como su extralimitación. Su trayectoria es algo más que historia: es una lección sobre el liderazgo, la ambición, el gobierno y los efectos del poder.

La grandeza militar de Napoleón brilló en batallas como las de Austerlitz y Jena-Auerstedt. Era un maestro de la estrategia, pero sus campañas también acarrearon grandes consecuencias. Su desastrosa campaña rusa y sus luchas en la Guerra Peninsular son recordatorios de la cruda y brutal realidad de la guerra.

Más allá de estos conflictos armados, Napoleón trajo consigo importantes reformas. El Código

Napoleónico, por ejemplo, reformó las leyes en Francia e influyó en los sistemas jurídicos de todo el mundo. Su reestructuración de la administración francesa y políticas, como el Sistema Continental, pretendían modernizar y controlar, dejando un impacto perdurable que trascendió las fronteras de Francia.

La vida personal de Napoleón fue tan compleja como su vida pública. Su relación con Josefina y, posteriormente, con María Luisa, la dinámica de su familia y la búsqueda de un heredero, revelan a un hombre atrapado en una compleja red de desafíos personales y políticos.

Los últimos años de Napoleón marcaron un cambio dramático. Desde su exilio en Elba hasta su regreso durante los Cien Días y su derrota final en Waterloo, la historia de Napoleón pasó de la cúspide del poder al abismo de la derrota. Su solitario final en Santa Elena destaca la naturaleza efímera del poder.

Desde su muerte, Napoleón se ha erigido como un símbolo y un mito, objeto de interminables debates y representaciones. Desde los escritos de Tolstoi hasta los memes modernos, el legado de Napoleón continúa cautivándonos. Es considerado un genio de la estrategia y un gobernante con ideas ilustradas, aunque a veces también es visto como un ejemplo de orgullo.

La historia de Napoleón es una historia de esfuerzo humano, ambición y liderazgo, entrelazada con el curso cambiante de la historia. Napoleón fue simultáneamente un producto y un arquitecto de su época, dejando un legado que resuena en la gobernanza moderna, el derecho, la cultura y nuestra conciencia colectiva. El estudio de Napoleón nos proporciona una comprensión del pasado y una visión del presente y el futuro, explorando la interrelación continua entre el poder, la ambición y la condición humana. Su vida y su legado nos recuerdan las cumbres del éxito y las profundidades de la caída que pueden experimentarse a lo largo de una vida, y enriquecen nuestra comprensión de la historia y sus figuras influyentes.

Extra
DATOS POCO CONOCIDOS SOBRE NAPOLEÓN

En el extenso tapiz de la historia, los monumentales logros de Napoleón Bonaparte a menudo eclipsan las facetas menos conocidas, pero igualmente fascinantes, de su vida. En este capítulo, develaremos hechos curiosos e interesantes, así como detalles pocos conocidos que ofrecen una perspectiva más amplia del legendario líder.

• Aunque a menudo se le retrata como un hombre de baja estatura, Napoleón medía en realidad 1,68 metros, el tamaño promedio de un francés de la época. La idea de que era muy bajo puede haber surgido debido a la confusión con su Guardia Imperial, la cual incluía soldados altos.

• En contraste con los patrones de sueño convencionales, Napoleón adoptó un enfoque único conocido como sueño polifásico. En lugar de tener un único periodo de sueño prolongado, hacía siestas cortas a lo largo del día, lo que maximizaba su vigilia y productividad.

• Napoleón Bonaparte era conocido por su peculiar rutina de baño diario, durante la cual se sumergía en agua de colonia. Se creía que esta práctica no sólo le ayudaba a mantener la higiene personal, sino que también le aportaba beneficios para la salud.

• El emperador francés tenía especial preferencia por el agua de colonia *Jean Maria Farina*, una marca de renombre originaria de Alemania. Esta elección reflejaba su interés por el aseo personal y su aprecio por los artículos de lujo.

• Como prueba de su capacidad intelectual, Napoleón demostró un gran interés por las matemáticas, destacando especialmente en geometría durante sus años de formación en la escuela militar. Este dominio de los principios matemáticos desempeñó más tarde un papel crucial en sus estrategias militares.

• El conocimiento de la geografía de Napoleón no era solamente útil para fines militares, sino que se extendía a una auténtica pasión por la cartografía. Su colección de mapas era muy extensa y reflejaba un profundo conocimiento de los paisajes geográficos que desempeñaron un papel fundamental en sus campañas militares.

• Más allá de sus campañas militares, Napoleón fue un ávido jugador de ajedrez, demostrando una astuta comprensión del pensamiento estratégico. A menudo aplicaba principios de estrategia militar al juego, lo que evidencia la interconexión de sus actividades intelectuales.

• A pesar de su reputación de líder militar, Napoleón tenía un lado más sensible, pues apreciaba la poesía. Encontró especial resonancia en las obras del poeta francés Jean Racine, valorando el arte y la emoción que transmitían sus versos.

• En medio de sus responsabilidades militares y políticas, Napoleón encontró consuelo y disfrute en el mundo de la ópera. Su aprecio por las obras de Christoph Willibald Gluck refleja un aspecto culturalmente más refinado de su personalidad.

• A pesar de la imagen de líder militar severo, Napoleón sentía profunda pasión por las obras de William Shakespeare. Citando al célebre dramaturgo, reveló su afinidad por la profundidad y complejidad de las emociones humanas retratadas en los dramas de Shakespeare.

• En medio de las complejidades de gobernar un imperio, Napoleón conservaba su afición por un placer sencillo: el arroz con leche. Esta preferencia culinaria revela un aspecto más humano de sus gustos.

• El emblemático sombrero bicornio de Napoleón no sólo se convirtió en un símbolo de su autoridad, sino que también influyó en las tendencias de la moda de la época. Su peculiar forma de llevarlo dio lugar al estilo "sombrero de Napoleón".

• A lo largo de su vida, el emperador recibió varios apodos, cada uno de los cuales contribuyó a su imagen polifacética. Desde el entrañable "Pequeño Cabo" (*Le Petit Caporal*) hasta el temible "Ogro de Córcega", estos apodos añadieron matices a su personalidad.

• Napoleón dominaba varios idiomas. No sólo hablaba francés como lengua materna, sino también italiano y corso. Además, dominaba el inglés y el alemán.

• Napoleón y su primera esposa, Josefina, mantuvieron una apasionada y extensa correspondencia durante toda su relación. Intercambiaron aproximadamente más de 1.100 cartas, que revelan la profundidad de sus emociones y los retos a los que se enfrentaron debido a la distancia.

• Conservada en el Museo del Ejército de París, la bandera manchada de sangre de la batalla de Marengo es una reliquia tangible de las hazañas militares de Napoleón. Llevada por el propio emperador, simbolizaba tanto el triunfo como el sacrificio.

• El sello personal de Napoleón, en el que figuraba un águila, se convirtió en un emblema asociado a su reinado. La elección simbólica del águila refleja la fuerza, el poder y las aspiraciones imperiales de su régimen.

- Napoleón era conocido por su amor por los animales, especialmente por los perros. Tuvo varios compañeros caninos y, durante su exilio en Santa Elena, estableció un estrecho vínculo con un perro llamado Patras, que se convirtió en su fiel compañero.

- Uno de los aspectos más enigmáticos de la vida personal de Napoleón era su miedo a los gatos. Ya fuera debido a un incidente de la infancia o a una capa psicológica más profunda, este miedo añadía un toque de vulnerabilidad al formidable líder.

- El caballo favorito de Napoleón fue Marengo, llamado así por la batalla de Marengo, una de sus más importantes victorias. Marengo era un semental árabe y se convirtió en el fiel compañero de Napoleón en muchas batallas. El caballo era gris y se hizo bastante famoso, siendo incluso inmortalizado en varios cuadros que representan a Napoleón. Marengo llevó a Napoleón en batallas como Austerlitz, Jena, Wagram y Waterloo. Tras la derrota de Napoleón en Waterloo en 1815, Marengo fue capturado por los británicos. El caballo vivió el resto de sus días en Inglaterra y murió en 1831. En la actualidad, el esqueleto de Marengo se exhibe en el Museo Nacional del Ejército de Londres.

¡Gracias por leer este libro!

¿Te ha gustado? ¡Comparte tus impresiones conmigo y con nuestra comunidad de lectores! No olvides dejar una reseña en la plataforma donde lo adquiriste. Tu opinión es invaluable e importante para mí. ¡Muchas gracias!

- Scott Matthews

www.ingramcontent.com/pod-product-compliance
Lightning Source LLC
Chambersburg PA
CBHW072103110526
44590CB00018B/3289